글쓴이 **박진명**

부산에서 살고 있는 시인이자 지역 활동가, 문화 기획자입니다.
지역에서 다양한 문화적 상상을 실험하고 있습니다. 등단은 못했지만 20년 넘게 시를 써 왔습니다.
딸이 자라면서 언어를 배우는 것을 관찰하며 기록하여 『딸아이의 언어생활탐구』를 썼습니다.

그린이 **김민정**

부산에서 나고 자랐으며 대학교와 대학원에서 그림을 공부했습니다.
부산의 도시 풍경 중에서도 아파트 단지 개발로 순식간에 변화하는 일상의 단면을
수채화, 유화로 그리고, 쉽게 사라져 가는 기억과 풍경을 남기려 부산 매축지마을, 감만1동,
영도 봉산마을, 온천1동의 오래된 집과 골목을 걷고 그리고 있습니다.
『어딘가에 있는, 어디에도 없는』을 쓰고 그렸습니다.

망치질하는 어머니들
깡깡이마을 역사 여행

2022년 7월 29일 초판 1쇄 인쇄
2025년 5월 30일 초판 4쇄 발행

지은이 ✱ 박진명
그린이 ✱ 김민정
펴낸이 ✱ 김상미, 이재민

편집 ✱ 서현미
디자인 ✱ 정계수디자인

종이 ✱ 다올페이퍼
인쇄 ✱ 청아문화사
제본 ✱ 비춤바인텍

펴낸곳 ✱ (주)너머_너머학교
주소 ✱ 서울시 서대문구 증가로20길 3-12
전화 ✱ 02)336-5131, 335-3366 팩스 ✱ 02)335-5848
등록번호 ✱ 제3113-2009-234호

ⓒ박진명, 김민정 2022
이 책의 저작권은 저자에게 있습니다.
저자들과 출판사의 허락 없이 내용의 일부를 인용하거나 전재해서는 안 됩니다.
ISBN 978-89-94407-96-8 74900
ISBN 978-89-94407-33-3 (세트)
도움말과 자료 제공 ✱ 이승욱(플랜비 대표). 플랜비

너머북스와 너머학교는 좋은 서가와 학교를 꿈꾸는 출판사입니다.

망치질하는 어머니들
깡깡이마을 역사 여행

박진명 글 | 김민정 그림

너머학교

깡! 깡! 쇠 부딪히는 소리, 윙~윙~ 기계 돌아가는 소리.
배들이 바다를 이리저리 오가고, 땅 위로 올라와 있는 큰 배들도 보이네.
짠 바다 냄새에 매캐한 기름 냄새가 섞여 나.
여기는 못 고치는 배가 없다는 곳,
부산시 영도구에 있는 깡깡이마을이야.

부산이 어디 있는지는 알지?
우리나라 남쪽, 남해와 동해 그리고 태평양이 만나는 길목에 있어.
아주 옛날부터 배가 드나드는 항구가 있었지.

"오늘부터 해운대와 광안리 등 부산의 해수욕장이 일제히 개장합니다!"
여름마다 뉴스에 이렇게 나올 만큼 유명한 해수욕장도 많아. 부산 어묵도 많이 알려졌지.
영도는 부산에서 가장 큰 섬이야. 바다 쪽으로 뾰족 튀어나와 있어.

깡깡이마을 이야기
한번 들어 볼래?

옛날 부산이 동래, 부산포, 부산진 등으로 불리던 시절,
영도는 '절영도'라고 불렀어.
육지와 떨어져 있고 땅이 넓고 산도 있어서인지
삼국 시대부터 말을 길렀대.
옛날에는 말이 귀했고, 전쟁을 할 때는 중요한 무기와 다름없어서
나라에서 엄하게 관리했다고 해.

1592년(임진년)에 일본이 쳐들어와서 임진왜란이라는 큰 전쟁이 났지. 전쟁이 끝나고 얼마 안 되어 일본이 교역을 하자고 찾아왔는데 전쟁을 겪고 난 뒤라 선뜻 할 수가 있나 어디. 영도에 절영도 왜관을 만들어 제한적으로 무역을 하게 했대.

* 조선 시대 강화도와 영흥도, 진도, 제주도 등에도 큰 말 목장이 있었다.

1876년 우리나라는 일본과 조약을 맺었어. 우리한테는 아주 불리했지.
일본인들이 인천, 원산, 부산을 마음대로 드나들며 교역을 하고, 살 수도 있게 됐어.
조그만 포구와 마을이 있던 부산도 크게 달라지기 시작했어.
사람과 물건이 많이 오가려면 큰 배와 항구가 필요하잖아?
바다를 메워서 항구를 만들고 영도와 육지를 잇는 다리도 만들었어.

영도다리는 우리나라에는 처음 생긴
상판을 들었다 내릴 수 있는 도개교였거든.
이 다리를 보러 전국 각지의 사람들이 구름처럼 몰렸대.
엔진이 달린 배를 만드는 조선소가 처음 생긴 곳도
바로 깡깡이마을이야.

1887년에 다나카라는 일본인이 깡깡이마을 건너편,
지금의 자갈치 시장 근처에서 나무배를 만들었대.
그리고 1912년에 그의 아들이 지금의 깡깡이마을 자리에
다나카 조선철공소를 열고 엔진이 달린 나무배를 만들기 시작했어.
그 뒤 나카무라, 마쓰부지 등 일본인 조선소들이 깡깡이마을에 생겨났지.
이 조선소에서 만든 배들은 바람도 없고 노를 젓지 않아도
통통통통 소리를 내며 움직이니 얼마나 신기했겠어?
그래서 엔진 달린 나무배를 통통배라고 불렀대.

1945년 8월 15일 드디어 일본으로부터 해방이 됐어.
강제 징용이나 돈을 벌기 위해서나 여러 이유로 일본과
외국에 나가 있던 우리나라 사람들이 돌아오기 시작했지.
부산에는 일본이 만들었던 전철, 건물뿐 아니라
어묵이나 섬유 공장, 조선소 같은 시설들이 남았단다.
곧 이 공장들은 그 공장에서 일했던 사람들이나
다른 나라에서 기술을 배워 온 사람들 손으로 다시 돌아가기 시작했어.

* 일제 시대 부산에 있던 기업의 80퍼센트 이상이 일본인 회사였다.
이 중 조선방직, 조선중공업이 규모가 가장 컸다.

해방되고 얼마 지나지 않았는데 그만 한국 전쟁이 일어났어.
1950~1953년까지 전쟁 동안 부산이 임시 수도가 되었지.
전쟁을 피해 부산으로 온 사람들이 엄청나게 많았어.

1970년대 들어 원양 어업이 늘어나면서 배가 더 많이 필요해졌어.
깡깡이마을에서도 배를 만들기 시작했단다.
처음에는 일본에서 중고 배들을 수입하고 수리해서 배를 만들다가
80년대에는 국산 엔진을 단 배를 만들어 수출하기도 했어.
하지만 곧 여기저기에 커다란 조선소들이 새로 생겨나기 시작하니
규모가 작은 깡깡이마을 조선소들은 그동안 쌓은 기술을 활용해서
배를 수리하는 조선소로 탈바꿈했지.

배를 어디서 고칠까?
당연히 깡깡이마을에 있는 조선소겠지?
그러려면 무거운 배를 조선소가 있는 육지로
끌어올려 고정해야 해.
이렇게 배를 올리는 일을 '상가'라고 하는데
제일 어려운 기술이고 힘든 일이래.
바닥이 평평하지도 않고 300톤이 넘는 배를
넘어지지 않게 육지에 올린다고 상상해 봐.
이 어려운 과정을 이끄는 전문가를
'도크마스터'라고 부르지.

배 올리기

배 내부, 외부 씻기

녹과 이물질 떼어 내기

페인트칠하기

내부 수리하기

수리 완성, 배 바다에 띄우기

바다를 오래 항해한 배는 녹도 슬고, 조개나 따개비 같은 것들이 붙어 있어.
새로 페인트칠하기 전에 우선 이 이물질들을 떼어 내야해. 그럼 찌꺼기나 녹을 뭘로 뗐을까?
바로 망치야 망치. 사람 손으로 쇠망치를 들고 쇠로 만들어진 배를 치니까 깡깡 소리가 울리는 거야.
이제 왜 깡깡이마을이라고 부르는지 너도 알겠지? 수리 조선소에서 배를 수리하는
깡깡 망치 소리가 끊이지 않고 울리니까 사람들이 깡깡이마을이라고 부르게 된 거야.
깡깡 깡깡! 그 소리는 마을이 활기차게 돌아가는 신호이자,
마을 사람들과 가족들이 굶지 않고 살아가는 소리이기도 했어.

배를 육지에 올리고 나면 씻어 내고,
녹과 따개비를 떼는 '깡깡이질'이 시작돼.
아파트 4~5층 높이에 매달려 3킬로그램이 넘는
망치를 들고 두드리는 일이야.
이 힘든 일을 누가 했을까?
근육이 우락부락한 아저씨들?
아니, 그 망치를 든 주인공은
바로 여성들이었어.
줄에 매단 나무판자에 걸터앉아
높은 곳에서 낮은 곳까지 옮겨 다니며
한 번 올라가면 2시간씩 일해야 했지.
망치로 치고 긁어 내면 나오는
쇳가루와 먼지를 마시고,
수천 번씩 내리칠 때마다 울리는
큰 소리도 피할 수가 없었어.
예전에는 수건 하나 얼굴에 감고
그렇게 망치질을 했는데
여름 땡볕에 일하다 보면 온통 땀띠가 났대.
무엇보다 높은 곳에서 떨어지는 것이
가장 겁나는 일이었는데
제대로 된 안전 장비라고는 없었어.

이분들을 깡깡이 아지매(아줌마의 부산말)라 불렀어.
20대부터 60대까지, 깡깡이 아지매들 중에는 남편이 다치거나 죽어서
가족 생계를 책임져야 하는 여성들이 많았어.
깡깡이 아지매들 이야기 한번 들어 볼까?

"새벽 일찍 나가는
엄마를 보고
어린 마음에도
그렇게 아팠던가 봐.
막내딸 일기 보면서
엄청 울었지."

"힘들어도 작업하면서
말끔하게 해 놓으면
옷 다듬어 놓은 것처럼 이쁘다고.
동료들하고 농담도 하면서
재미가 있었어. 재미가."

"그래도 한 달 일한 걸로
장 봐서 식구들 안 굶기고
애들 공부시키고 다 했지.
가장 노릇 해낸 거 보면
지금 생각해도 장하다."

"일하다가도
10시가 되면 뛰어가서
애 젖 먹이고 오고,
점심시간 되면
또 후다닥 가서
젖 먹이고
서둘러 밥 먹고
오고 그랬지."

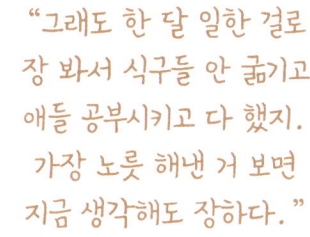

하루하루 일한 일당을 한 달치 모아서 받았지, 4대보험이 되는 직장은 아니었어.
위험한데도 제대로 된 안전장치는커녕 마스크, 보호안경, 귀마개도 없었어.
그렇다고 깡깡이 아지매들이 참고 일만 했던 것은 아니야.
1970년대 중반 '청락부'라는 노동조합을 만들었는데
깡깡이 아지매 200여 명 중 70명이 넘게 가입을 해서
건강검진이나 임금 인상을 받아 내기도 했대.
20년 넘게 있었던 노동조합은 90년대에 조선소 사장들의 방해로 없어지고 말았지만
당당하게 권리를 요구했던 아지매들 좀 멋지지 않아?

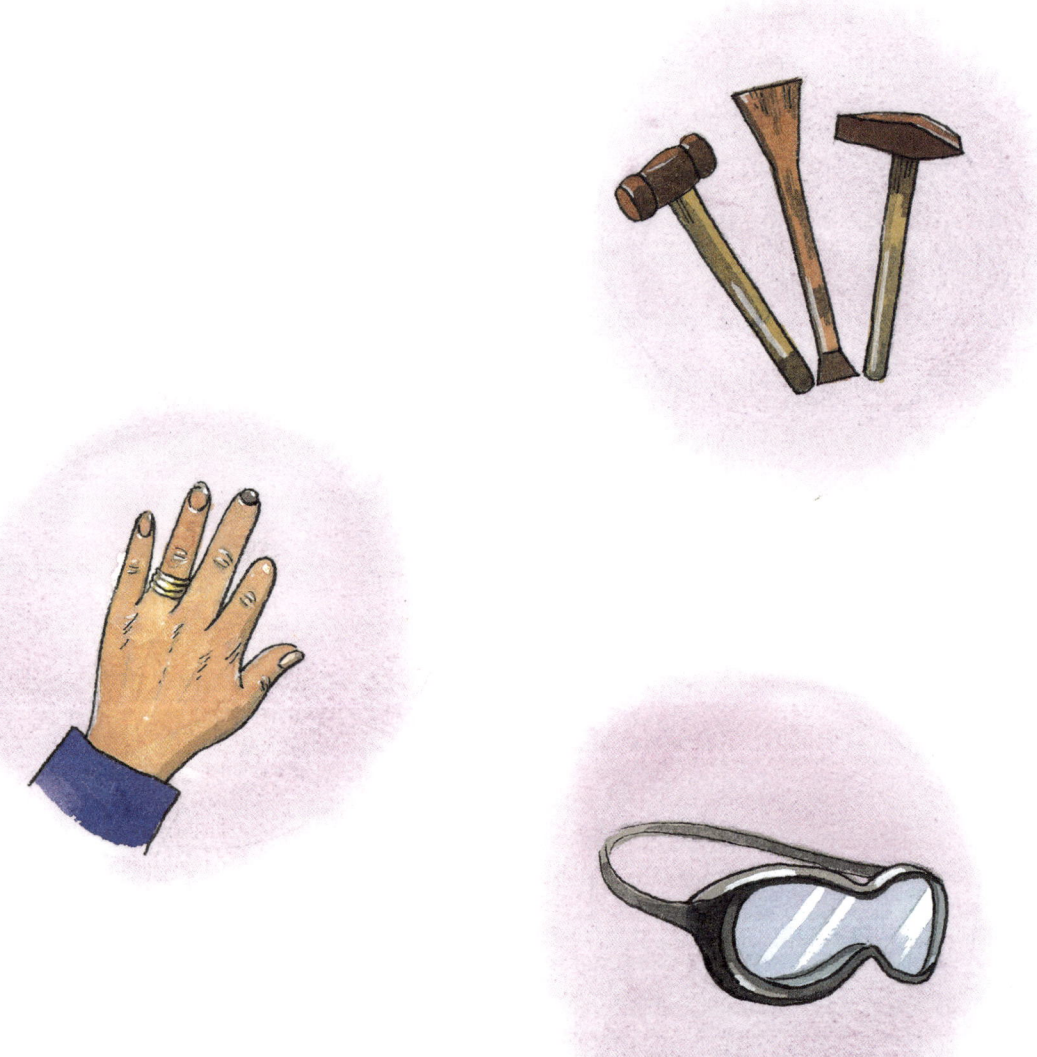

깡깡이마을 건너편 자갈치 시장에서 장사했던 아주머니들도
전쟁 중에 남편이 죽거나 다쳐서 가족의 생계를 책임져야 하는 경우가 많았대.
힘든 일도 척척 해내고, 배짱 있고 말도 잘하는
자갈치 시장 아주머니들을 자갈치 아지매라고 불렀지.

그 외에도 많은 여성들이 돈을 벌기 위해 부산으로 왔어.
방직 공장, 고무 공장, 신발 공장 등에서 하루에도 열 몇 시간씩 서서 일을 했지.
일하다가 다치고 화재로 죽기도 했지만 제대로 보상을 받지 못하는 일도 많았대.
이처럼 많은 여성들의 땀과 눈물이 빠른 경제 성장의 숨은 힘이었단다.

* 1980년대 부산 최대 수출품은 신발이었다.
  1986년경 국제상사, 동양고무, 삼화고무, 태화고무 등에서 54,000여 명이 근무했다.

부산은 아주 빠르게 커다란 도시가 되었어.
1910년에는 2만 명도 살지 않았는데 1980년대에는 300만 명이 넘는 대도시가 되었어.
70년 남짓 만에 150배나 많아진 거야. 참 많은 것이 변했지.
광안리며 해운대를 찾는 관광객이나 여행자들도 늘어나고
2000년대엔 초고층 빌딩, 대형 백화점, 영화의 전당 같은 문화 시설들도 생겨났어.
영도가 있는 곳은 남항인데 부산역 인근 바다를 또 매립해서
북항을 크게 개발하고 있는 중이야.
겉으로는 이렇게 화려하게 변하고 있지만 인구는 줄어들고 있어.
그중에서도 영도는 인구소멸지역으로 지정될 정도로 빠르게 줄고 있대.

깡깡이마을은 예전 모습을 간직한 채 나이를 먹어 가고 있지.
옛날에 만들어진 배들은 낡아서 하나둘 없어지고
새 조선소에서 만드는 큰 배들은
깡깡이마을에서 수리할 수가 없어.

* 요즘 깡깡이질은 외국에서 일하러 온 이주 노동자들이 주로 하는데,
보호안경을 쓰고 그라인더를 들고 일한다.

그러니 깡깡이마을을
찾는 배들도
계속 줄어들어
깡깡이질 소리도,
사람 소리도
예전만큼 나질 않아.

그런데 그거 알아? 할머니 주름 같은 깡깡이마을 골목마다 숨은 고수들이 있다는걸.
나무와 철, 엔진과 프로펠러, 배터리와 밸브 등 배의 거의 모든 것들과,
더 이상 생산되지 않는 부품을 직접 만들어 내는 분들이 있거든.
오랜 세월 반복하며 쌓은 기술로, 부품 하나 때문에 움직이지 못하는 기계에
생명을 불어넣는 건 어떻게 보면 마술 같아.

한동안 조용했던 마을도
다시 시끌벅적해지고 있어.
쇠 깎는 냄새, 먼지 날리던 마을 골목과
공장 벽 여기저기에
독특한 그림이나 작품이 생겼어.
앉아 쉴 곳 없던 길거리에
재미난 벤치도 생겼어.
오래전 섬 안팎으로 사람을 나르던
도선이라는 배는 깡깡이마을 주변을
돌아볼 수 있는 유람선으로 부활했대.

할머니, 할아버지들도 요즘 바빠.
노래와 춤을 배워서 공연도 했고, 시를 배워 쓰기도 하고
살아온 이야기로 책도 만들었어.
마을이 궁금해 찾아온 사람들에게 이야기도 들려주셔.
깡깡이마을에서 힘들게 일하고 자식들 키우느라 주름진 할머니가 되어서야
이야기의 주인공이 되셨네.

깡깡이마을에 가면 커다란 아파트 벽에 얼굴이 하나 그려져 있어.
그림을 그린 독일 작가가 제목을 '우리 모두의 어머니'라고 지었어.
할머니인데 왜 어머니라고 했을까?
너희들도 배를 타고, 걸으면서 깡깡이 아지매 이야기 한번 들어 볼래?
네 귀에도 깡~깡~ 소리 들릴걸.

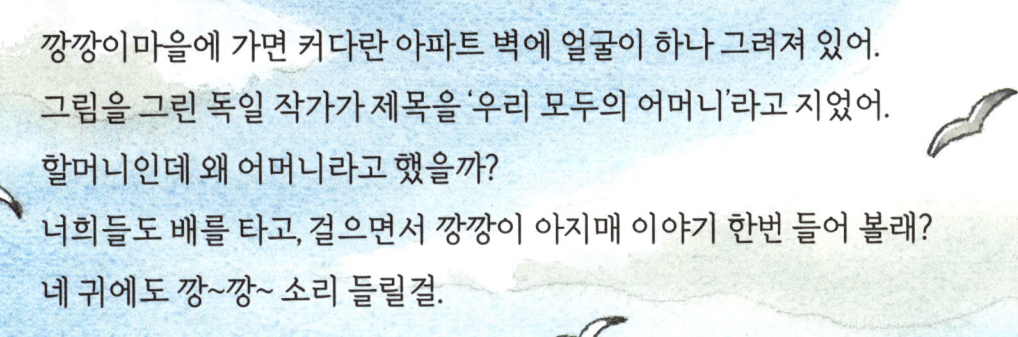

너머학교 역사교실

아마존에서 조선까지 고무 따라 역사 여행
최재인 글 | 이광익 그림

조선에서 파리까지 편지 따라 역사 여행
조현범 글 | 강전희 그림

식탁에서 약국까지 설탕 따라 역사 여행
김곰 글 | 김소영 그림

하늘로 날아
샐리 덩 글·그림 | 허미경 옮김

세종로 1번지 경복궁 역사 여행
장지연 글 | 여미경 그림

너머학교 톡톡 지식그림책 시리즈

1 타다, 아폴로 11호
브라이언 플로카 글·그림 | 이강환 옮김

2 증기기관차 대륙을 달리다
브라이언 플로카 글·그림 | 유만선 옮김

3 밤하늘을 봐!
제이컵 크레이머 글 | 스테파니 숄츠 그림 | 하미나 옮김

4 얼음이 바사삭 그림 사전
레나 회베리 글·그림 | 신동경 옮김

5 손은 똑똑해
마그다 가르굴라코바 글 | 비테츠슬라프 메츠네르 그림 | 신동경 옮김